BEI GRIN MACHT SICH IHR WISSEN BEZAHLT

- Wir veröffentlichen Ihre Hausarbeit, Bachelor- und Masterarbeit

- Ihr eigenes eBook und Buch - weltweit in allen wichtigen Shops

- Verdienen Sie an jedem Verkauf

Jetzt bei www.GRIN.com hochladen und kostenlos publizieren

Trainingsplanung für das Beweglichkeits- und Koordinationstraining einer sportlich aktiven Person

Simon Habold

Bibliografische Information der Deutschen Nationalbibliothek:

Die Deutsche Nationalbibliothek verzeichnet diese Publikation in der Deutschen Nationalbibliografie; detaillierte bibliografische Daten sind im Internet über http://dnb.d-nb.de abrufbar.

ISBN: 9783346778246
Dieses Buch ist auch als E-Book erhältlich.

Druck und Bindung: Books on Demand GmbH, Norderstedt Germany
Gedruckt auf säurefreiem Papier aus verantwortungsvollen Quellen

Das vorliegende Werk wurde sorgfältig erarbeitet. Dennoch übernehmen Autoren und Verlag für die Richtigkeit von Angaben, Hinweisen, Links und Ratschlägen sowie eventuelle Druckfehler keine Haftung.

Das Buch bei GRIN: https://www.grin.com/document/1303490

Deutsche Hochschule für
Prävention und Gesundheitsmanagement
Hermann-Neuberger-Sportschule 3
66123 Saarbrücken

Hausarbeit

Name, Vorname	Habold Simon
Studiengang	Sportökonomie
Studienmodul	Trainingslehre III
Datum Präsenzphase (siehe Ergebnisdokumentation)	**22.08-24.08.2022**
Aufgabe	**Trainingsplanung für das Beweglichkeits- und Koordinationstraining einer sportlich aktiven Person**

Inhaltsverzeichnis

1 Personendaten

Vor Beginn der eigentlichen Trainingsplanung für ein Koordinations- und Beweglichkeitstraining müssen erstmals die allgemeinen und biometrischen Daten der Person erfasst und bewertet werden. Dadurch kann dem Trainer ein genaueres Bild über die aktuelle gesundheitliche Situation aufgezeigt werden. Zudem kann zu Beginn gleich auf angegebene Wünsche des Probanden eingegangen werden. Im Folgenden werden die erhobenen Daten des Trainierenden in tabellarischer Form dargestellt. Diese dienen hierbei als Grundlage zur allgemeinen Bestimmung des Gesundheitszustands und zur Belastungsfähigkeit der Testperson. Eine namentliche Nennung des Probanden wird aus datenschutzrechtlichen Gründen nicht erfolgen.

Tabelle 1: Allgemeine Daten (eigene Darstellung, 2022)

Alter	28 Jahre
Geschlecht	Männlich
Körpergröße	181 cm
Körpergewicht	74 kg
Trainingsmotive	- Ausgleich der sitzenden beruflichen Tätigkeit - Wiedererlangung u. Erhalt der früheren Beweglichkeit - Verbesserter Gleichgewichtssinn
Berufliche Tätigkeit	Programmierer (dauerhaft sitzend)
Aktuelle und frühere sportliche Aktivitäten	- Regelmäßiges Krafttraining (2-3 mal pro Woche) in Fitnessstudio seit dem 20. Lebensjahr (Mischung aus Ausdauer- und Ganzkörpertraining im Hypertrophiebereich) - In Jugendalter Fußball und Turnen im lokalen Verein (9-15 Jahre alt), somit Leistungsstufe Geübter/Hobbysportler
Zeitlicher Verfügungsrahmen	2-3x/Woche (Dauer 45-120 min)

Tabelle 2: Biometrische Daten (eigene Darstellung, 2022)

BMI	22.6		
Körperfettanteil	16,8%		
Orthopädische Probleme	Derzeit keine orthopädischen Probleme vorhanden		
Internistische Probleme	Derzeit keine internistischen Probleme vorhanden		
Ärztliche Behandlungen	Keine ärztliche Behandlung derzeit		
Einnahme von Medikamenten	Ja, regelmäßige Einnahme von Lorano Pro aufgrund von Tierhaarallergie		
Blutdruck	Bewertungsstufe	Systolischer Blutdruck	Diastolischer Blutdruck
	Normal	143mm/Hg	88mm/Hg

Tabelle 3: Blutdruckklassifikation der American Heart Association (modifiziert nach Mancia et al., 2013, S. 1286)

Bewertungsstufen	Systolischer Blutdruck	Diastolischer Blutdruck
Normblutdruck (Normotonie)		
Optimal	Unter 120mm/Hg	Unter 80mm/Hg
Normal	Unter 130mm/Hg	Unter 85mm/Hg
Hochnormal	130-139mm/Hg	85-89mm/Hg
Bluthochdruck (arterielle Hypertonie)		
Stufe 1	140-159mm/Hg	90-99mm/Hg
Stufe 2	160-179mm/Hg	100-109mm/Hg
Stufe 3	>180mm/Hg	>110mmHg

Der Proband ist ein junger Mann ohne jegliche gesundheitliche Einschränkungen, weder internistische noch orthopädische Probleme sind bekannt. Die Einnahme von Lorano Pro beeinflusst auch nicht die weitere Trainingsplanung. Zudem sind auch die Blutdruckwerte im normalen Bereich. Demnach gibt es keine Kontraindikationen für die weitere Planung eines Beweglichkeits- und Koordinationstraining.

Aufgrund des früheren Fußball- und Turntrainings wäre naheliegend, dass eine gute Beweglichkeit und ein hoher Grad an koordinativen Fähigkeiten noch vorhanden ist. Aufgrund des einseitigen Arbeitsalltags und der Schlichtheit der aktuellen sportlichen Tätigkeit kann hierbei aber wieder von einer eingeschränkten Beweglichkeit und Koordination ausgegangen werden.

Nach Aussage des Probanden liegt aber auch keine gesundheitliche Einschränkung auf Grund einer mangelnden Beweglichkeit vor.

Somit ist das Ziel im weiteren Verlauf die vorhandenen Defizite auszugleichen und die aktuelle Beweglichkeit im Sinne des Probanden zu verbessern. Ein Fokus soll hierbei auf der defizitäre ischiocruralen Muskulatur liegen, da sich die Dehnfähigkeit dieser negativ an die alltägliche Belastungshaltung im Beruf anpasst. (Wiedmann et al., 1993).

2 Trainingsplanung Beweglichkeitstraining

2.1 Übungsauswahl und Dehnmethoden Beweglichkeitstraining

Tabelle 4: Übungen des Beweglichkeitstrainings (eigene Darstellung, 2022)

Übungsnummer	Zielmuskulatur	Primär beteiligte Muskulatur	Dehnmethode		Durchführung
			Dehnform	Arbeitsweise	
1	Dehnung der rückseitigen Oberschenkelmuskulatur	M. biceps femoris M. semimembranosus M. semitendinosus	Postisometrisch (=passiv-statisch)		Begonnen wird mit einer Rückenlage auf einer Matte. Ein Bein bleibt auf dem Boden mit angewinkeltem Kniegelenk. Das andere Bein wird in Richtung Decke gestreckt. Zusätzlich wird das gestreckte Bein an der Oberschenkelrückseite mit beiden Händen gestützt und Richtung Oberkörper gezogen. Um postisometrisch zu dehnen wird mit dem gehobenen Bein zuerst ein Druck gegen die Hände ausgeführt. Anschließend lässt der Proband wieder locker und zieht dann das Bein 15 Sekunden noch näher in Richtung Oberkörper, um die postisometrische Relaxation vollständig auszunutzen.
2	Dehnung der rückseitigen Oberschenkelmuskulatur	M. biceps femoris M. semimembranosus M. semitendinosus	Postisometrisch (=passiv-statisch)		Bei dieser Übungen wird mit dem Stand auf dem linken Bein begonnen. Das rechte Bein ist angebeugt und die rechte Ferse liegt auf einem Hocker. Die Wirbelsäule bleibt hierbei aufrecht, wobei das Steißbein nach hinten oben Richtung Hinterkopf gezogen wird (dadurch ergibt sich in der LWS ein leichtes "Hohlkreuz", das die ganze Dehnung über gehalten werden muss!). Nun wird die rechte Ferse auf den Hocker gepresst, um eine Kniebeugung zu simulieren um somit die rückseitige Oberschenkelmuskulatur bewusst anzuspannen. Anschließend wird das Bein locker gelassen, um dann die rechte Ferse soweit wie möglich nach vorne zu schieben. Hierdruch wird die postisometrische Relaxation direkt genutzt, um den vollen Radius auszunutzen. Nach erfolgter Dehnung wird das Bein gewechselt.
3	Dehnung der Hüftbeugemuskulatur	M. iliopsoas M. rectus femoris	Aktiv	Dynamisch	Gestartet wird diese Übung im Kniestand. Ein Knie liegt mit dem gesamten Unterschenkel am Boden, während das vordere Bein nach vorne mit gebeugtem Kniegelenk und Fuß vor dem Knie steht. Um das Gleichgewicht zu halten und eine stabile Haltung zu garantieren können beide Hände auf den vorderen Oberschenkel abgestützt werden. Der Oberkörper bleibt stets aufrecht. Nun wird der Körperschwerpunkt nach vorne unten verlagert und das Becken abgesenkt. Daraufhin wird abwechselnd der Körperschwerpunkt wieder leicht nach hinten angehoben, um im Verlauf dann wieder leicht nach vorne unten abgesenkt zu werden.
4	Dehnung der oberen/unteren Rückenmuskulatur, Schultergürtel und schräge Bauchmuskulatur	M. latissimus dorsi M. trapezius M. deltoideus M. obliquus externus abdominis M. erector spinae	Aktiv	Statisch	Begonnen wird hierbei in der stehenden Grätsche, wobei das eine Bein das andere überkreuzt. Der Rücken wird hierbei an die hintere Wand angelegt. Der vordere Fuß gibt hierbei die Neigungsrichtung vor. Nun wird der gleichseitige Arm über den Kopf gestreckt und der Oberkörper zur Seite geneigt in die das vordere Beine zeigt. Gleichzeitig wird die Hüfte in die andere Seite geschoben, um eine Bogenspannung aufzubauen. Dabei bleibt die Hüfte stets gerade und der gestreckte Arm berührt stets die Wand. Danach erfolgt ein Wechsel der Beine und Arme, um die andere Seite auch zu dehnen.
5	Dehnung der Rückenstrecker	M. erector spinae	Aktiv	Dynamisch	Diese Übung beginnt am Boden im Vierfüßlerstand. Der Körper wird hierbei auf den Knien und Füßen gestützt. Nun erfolgte eine Anspannung der Bauchmuskulatur und eine gleichzeitige Wölbung der Wirbelsäule. Der Kopf dient hierbei rein als Verlängerung der Wirbelsäule. Für eine dynamische Bewegung wird nun die antagonistische Bauchmuskulatur entspannt und die Wirbelsäule nach unten gestreckt.

6	Dehnung der vorderseitigen Oberschenkelmuskulatur	M. quadriceps femoris	Passiv	Dynamisch	Die Dehnübung beginnt in Bauchlage auf einer Matte. Beide Beine werden zuerst komplett ausgestreckt. Nun wird das linke Knie angewinkelt und die Ferse in Richtung Gesäß geführt. Nun wird ein Widerstandsband um das Sprunggelenk gelegt. Das Band wird mit den Händen festgehalten und wird in Richtung Gesäß gezogen, damit der Fuß weiter in Richtung Gesäß gezogen wird. Nach der Dehnung und kurzer Pause erfolgt die Dehnung der anderen Seite.
7	Dehnung mediale Onberschenkelmuskulatur	M. adductor brevis M. adductor longis M. adductor magnus M. gracilis M. pectineus	Passiv	Statisch	Begonnen wird sitzend auf einer Matte. Zuerst werden die Fersen in Richtung Gesäß gezogen, während sich die Fußinnenkanten stets berühren. Es ist darauf zu achten, dass der Oberkörper stets gerade aufgerichtet bleibt. Nun werden mit Hilfe der Unterarme die Knie weiter nach außen/unten gedrückt, um die Dehnung zu spüren.
8	Dehnung der Gesäßmuskulatur	M. glutaeus maximus M. glutaeus medius M. glutaeus minimus	Passiv	Statisch	Ausgangslage dieser Dehnübung ist die Rückenlage. In dieser wird ein Bein als Stützbein aufgestellt mit ca. 90 Grad Flexion. Das andere Bein liegt mit dem Sprunggelenk auf dem angewinkelten Oberschenkel an und ist im Hüftbereich nach außen rotiert. Nun erfolgt das Greifen des hinteren Oberschenkels des Stützbeins. Nun wird mit Hilfe der Hände das Stützbein in Richtung des liegenden Oberkörpers bewegt. Nach erfolgreicher Dehnung wird die zu dehnende Seite gewechselt.
9	Dehnung der Brustmuskulatur	M. pectoralis major M. pectoralis minor	Passiv	Statisch	Bei dieser Übung ist die Ausgangsposition stehend zu einem Türrahmen blickend. Jetzt wird ein Arm auf Schulterhöhe angehoben, wobei der Ellbogen sich in einer 90 Grad Flexion befindet. Der Unterarm des gehobenen Arms wird nun an den Türrahmen angelegt. Mit der anderen freien Schulter wird nun gemeinsam mit dem Oberkörper eine Rotation weg von dem Türrahmen durchgeführt. Sobald man eine Dehnung in der anliegenden Schulter- und Brustmuskulatur spürt wird diese gehalten. Danach wird die zu dehnende Seite gewechselt.
10	Dehnung der Nackenmuskulatur	M. trapezius pars descendens	Aktiv	Statisch	Ausgangsposition dieser Dehnübung ist ein klassischer Stand. Mit einem nach vorne gerichteten Blick wird nur der Kopf auf eine Seite geneigt. Zur Verstärkung der Dehnung wird nun die der Kopfneigung gegenüber liegende Schulter aktiv nach unten gezogen.
11	Dehnung der Schulterblattfixatoren	M. trapezius Mm. rhomboidei	Aktiv	Statisch	Gestartet wird diese Übung im Stand. Nun greift die eine Hand die andere Hand am Handgelenk. Die Arme werden in Schulterhöhe vor den Körper gestreckt. Der Kopf neigt sich etwas nach vorne und die Schulterblätter werden aktiv von der Wirbelsäule weggezogen.
12	Dehnung der geraden Bauchmuskulatur	M. rectus abdominis	Passiv	Statisch	Diese Übung beginnt in einer Stellung des traditionellen Yogas. Diese Übung auch bekannt als „Urdhva Mukha Shvanasana" beginnt in Bauchlage auf dem Boden. Nun werden neben der Brust links und rechts die Hände auf den Boden gestützt. Es folgt eine Streckung der Arme bis in der Bauchmuskulatur eine Dehnung zu spüren ist. Wichtig ist hierbei, dass stets die Hüfte auf dem Boden aufliegen bleibt. Zur Verbesserung der Dehnung sollte der Rumpfbereich stets unter Spannung stehen.
13	Dehnung der Wadenmuskulatur	M. gastrocnemius M. soleus	Aktiv	Dynamisch	Die letzte Übung wird auf der ersten Treppenstufe einer Treppe begonnen. Mit beiden Füßen steht der Proband zu 1/3 des Fußes auf der Treppe. Die anderen 2/3 mit der Ferse befinden sich frei in der Luft. Nun werden die Fersen bei gestreckter Kniehaltung aktiv in Richtung Boden bewegt bis eine deutliche Dehnung zu spüren ist.

2.2 Belastungsgefüge Beweglichkeitstraining

Tabelle 5: Belastungsgefüge Beweglichkeitstraining (eigene Darstellung, 2022)

	Begründung / Beschreibung	
Trainingshäufigkeit pro Woche	Der Proband trainiert selbst 2-3 mal pro Woche selbstständig in einem Fitnessstudio (Siehe 1.). Das Beweglichkeitstraining wird hierbei als ergänzendes Training an „trainingsfreien" Tagen 3-mal pro Woche als eigenständige Einheit angesetzt.	Ein Beweglichkeitstraining vor dem Krafttraining sollte vermieden werden, da durch dieses negative Effekte in Form von einer Reduzierung der Maximalkraft nachgewiesen werden konnten (Kokkonen J., Nelson A. & Cornwell A., 1998). Die Trainingshäufigkeit des Dehntrainings leitet sich sowohl aus der Empfehlung von Walker (2014, S.43), als auch von Rancour, Holmes und Cipriani (2009) ab, die alle 2-3 Einheiten pro Woche als optimal ansehen.
Sätze pro Übung	2 Sätze pro Dehnübung (Bei unilateralen Übungen erfolgen 2 Sätze pro Seite)	Aufgrund des zeitlichen Aspekts des Probanden von ca. 60 Minuten pro Einheit werden hier 2 Sätze pro Dehnübung angepeilt, da vor dem Dehntraining noch ein moderates Warm Up auf dem Crosstrainer stattfindet. Somit sind 2 Sätze bzw. 4 Sätze pro Übung im zeitlichen Rahmen. Laut Schönthaler und Ohlendorf (2002) ist eine höhere Serienanzahl nicht erforderlich.
Dehndauer	30 Sekunden	Die optimale Dehndauer liegt nach Walker (2014) bei 30-45 Sekunden. Eine Überschreitung dieser Zeit führt zu keinem nachweisbar besseren Erfolg (Walker, 2014, S. 43). Dies wird auch durch Jordan und Schwichtenberg (2005, S. 44) validiert. Diese merken an, dass eine Dehnung von 15 Sekunden bei statischen Dehnübungen bereits Effekte erzielt. Eine Dehndauer über 45 Sekunden führt hingegen zu keinen nennenswerten Auswirkungen.
Intensität	Maximale und submaximale Intensität oberhalb der Dehngrenze	Die bedeutendste Belastungskomponente eines Beweglichkeitstrainings nach Klee und Wiemann (2012, S. 117) ist die Dehnintensität. Damit diese auch bei der Testperson auf die körperliche Verfassung angepasst wird erfolgt eine maximale Intensität. Aufgrund keiner Einschränkungen und der früheren sportlichen Aktivität stellt dies kein Problem dar.

2.3 Begründung zur Trainingsplanung für das Beweglichkeitstraining

Die grundsätzliche Auswahl der Übungen bezieht sich auf die Empfehlung nach Albrecht & Meyer (2015, S.38). Nach dieser sollen neben den defizitären Muskelgruppen auch jene trainiert werden, die keine Defizite aufweisen. Auch nach Walker (2014, S.40) sollen neben den wichtigen Muskelgruppen auch deren Antagonisten trainiert werden. Genau dies ist in oben festgelegter Übungsauswahl gegeben.

Die Anordung und Auswahl der einzelnen Übungen bezieht sich primär auf die Wünsche und Defizite des Probanden, die in Punkt 1 dieser Arbeit festgehalten wurden. So wurde zu Beginn des Trainingsplans direkt die defizitäre ischiocruralen Muskulatur gedehnt, da sich die Dehnfähigkeit dieser negativ an die alltägliche Belastungshaltung im Beruf anpasst. (Wiedmann et al., 1993). Um dieses Defizit bestmöglich auszugleichen wurde die postisometrische Methode gewählt, da diese dem Belastungsgefüge entsprechender maximale Intensität erreicht (Weineck, 2004, S.362).

Die vierte darauffolgende Übung für die Dehnung der oberen/unteren Rückenmuskulatur, des Schultergürtels und der schrägen Bauchmuskulatur entspricht einer komplexen Kombination einer Dehnung mehrer Muskelgruppen. Diese simultane Dehnung mehrer Muskeln benötigt eine hohe Konzentration, ist aber sehr effizient. Diese Übung entspricht der Vorlage aus Walker (2014, S.56) und wird aufgrund der Komplexität und Konzentration direkt zu Beginn integriert.

Zudem lässt sich aufgrund der beruflichen Tätigkeit der Testperson im Büro daraus schließen, dass diese eine stetig gleichbleibende und einseitige Belastungshaltung der Nackenmuskulatur aufweist. Um etwaigen Nackenverspannungen vorzubeugen und eine weiter gute Nacken- und Halsflexibilität zu gewährleisten wurde in obenstehendem Plan auf eine vermehrte Dehnung der Nackenmuskulatur in Verbund der Schulter und Rückenmuskulatur angestrebt (Klion & Jacobson, 2013, S.179).

Ein weiteres mögliches Defizit des Büroalltags könnte ein überentwickelter Hüftbeuger und eine unterentwickelte Adukktor- und Abduktorenmuskulatur sein. Dafür wird speziell eine Übung für die Gesäßmuskulatur ausgewählt, um präventiv zu dehnen (Klion & Jacobson, 2013, S.191). Ergänzt wird diese Beweglichkeitsübung durch eine Dehnung der medialen Oberschenkelmuskulatur

Die maximale Intensität wurde hier für die Testperson gewählt, da diese keine Einschränkungen aufweist und durch die angegebene Intensität der Dehnreiz höher ist, was wiederum das Dehntraining wirksamer macht und daraus resultierend eine größere Bewegungsreichweite erreicht wird als bei submaximaler Intensität (Albrecht & Meyer (2015, S.42).

Da bei der Auswahl der Dehnmethode keine signifikanten Unterschiede zu aktiver oder passiver Dehnform und dynamischer oder statischer Arbeitsweise festgestellt werden konnten, finden hier alle Dehnmethoden ihren Einsatz (Weineck (2004, S.323). Der Einsatz der verschiedenen Methoden erfolgt aufgrund des simplen Grundes der Abwechslung des Dehntrainings, damit dem Probanden keine Langeweile während des Trainings aufkommt. Zudem wurde primär darauf geachtet, dass simple Dehnübungen primär aktiv ausgeführt werden, da diese tendenzielle geringere Ausweichbewegungen aufweisen. Schwieriger zu dehnende Muskelgruppen wurden passiv gedehnt.

Um die Verletzungsprophylaxe aktiv zu integrieren, wurde primär statisches Dehnen eingesetzt, da dieses die Verletzungsgefahr gegenüber dem dynamischen Dehnen durch ein langsames, kontrolliertes Einnehmen der Dehnstellung minimiert (Klee, 2003).

Das Belastungsgefüge des eigentlichen Traingsplans leitet sich aus zahlreichen Gründen ab. So ist die Auswahl der Trainingshäufigkeit von 3-mal pro Woche aus der Empfehlung von Walker (2014, S.43), als auch von Rancour, Holmes und Cipriani (2009) abzuleiten, die alle 2-3 Einheiten pro Woche als optimal ansehen. Da ein Beweglichkeitstraining vor dem Krafttraining negative Effekte in Form von einer Reduzierung der Maximalkraft mit sich bringen, wird das Training als eigenständige Einheit stattfinden. (Kokkonen, Nelson & Cornwell, 1998),.

Die 2 Sätze pro Dehnübung (Bei unilateralen Übungen erfolgen 2 Sätze pro Seite) entsprechen wiederum der Empfehlung von Schönthaler und Ohlendorf (2002). Die Dehndauer pro Satz entspricht 30 Sekunden, was sich an der Empfehlung von Walker (2014, S. 43) zwischen 15 und 45 Sekunden anpasst. Die Dauer des Dehnreizes kann im Laufe der Zeit längerfristig auf die von Walker (2014, S.37) angegebenen 45 Sekunden gesteigert werden, um den bestmöglichen Erfolg zu erzielen.

3 Trainingsplanung Koordinationstraining

3.1 Übungsauswahl Koordinationstraining

Tabelle 6: Übungsauswahl Koordinationstraining (eigene Darstellung, 2022)

Übungsnummer	Name	Hilfsmittel und Klein-geräte	Beschreibung
1	Stehende Kniebeuge mit geschlossenen Augen	Keine	Die Füße werden etwas mehr als schulterbreit voneinander entfernt auf dem Boden positioniert. Die Füße sind hierbei in einem leichten Winkel nach außen gedreht (20-30 Grad). Nun werden die Knie langsam gebeugt bis die Oberschenkel parallel zum Boden sind. In der Zielposition angekommen wird der Körper jetzt wieder kraftvoll in die stehende Ausgangsposition gebracht, indem Druck auf die Fersen ausgeübt wird. Die komplette Dauer und Anzahl der Wiederholungen bleiben dabei die Augen geschlossen.
2	Zehenspitzenstand	Keine	Die Testperson beginnt mit einem Bein vor dem Anderen. Die Ferse des vorderen Beins schließt hierbei mit den Zehen des hinteren Fußes ab. Nun geht die Testperson mit beiden Füßen so hoch wie möglich in den Zehenspitzenstand und verlagert den Großteil des Körpergewichts auf das vordere Bein. Hierbei ist zu beachten, dass das belastete Sprunggelenk so ruhig wie möglich gehalten wird.
3	Zehenspitzenstand mit geschlossenen Augen	Keine	Zusätzlich zu Übung 3 wird hierbei der Zehenspitzenstand mit geschlossenen Augen durchgeführt. Die Übungsdurchführung ist Übungsnummer 2 zu entnehmen.
4	Koordinationsleiter Lauf mit zwei Kontakten pro Bereich	Koordinationsleiter	Begonnen wird hier mit einem Fuß, der das Segment zuerst betritt während der zweite Fuß nachgezogen wird. Wichtig ist hierbei, dass das Segment wirklich nur pro Fuß einmal berührt wird. Bei der Ausführung muss darauf geachtet werden, dass der Kopf gerade bleibt und der Blick nach vorne geht. Der Körperschwerpunkt und die Hüfte gehen in eine tiefere Position, die Wirbelsäule sollte hingegen gerade bleiben. Die Arme können Hilfsweise bei der Bewegung mitgenommen werden.
5	Standwaage mit geöffneten Aufen	Keine	Grundposition hier ist der Stand auf einem Bein, während die Arme seitlich ausgestreckt werden. Nun wird die Hüfte gebeugt und die Testperson lehnt sich mit geradem Rücken nach vorne. Gleichzeitig wird das gehobene

			Bein nach hinten bewegt und durchgestreckt. Die Zielposition ist erreicht, wenn Oberkörper, Kopf und gestrecktes Bein eine horizontale Linie bilden.
6	Standwaage mit geschlossen Augen	Keine	Zusätzlich zu Übung 3 wird hierbei die Standwaage mit geschlossenen Augen durchgeführt, um die Gleichgewichtsfähigkeit verstärkt zu testen. Die Übungsdurchführung ist Übungsnummer 2 zu entnehmen.
7	Kniebeugen auf dem Balance-Board	Balance-Board	Begonnen wird im hüftbreiten Stand und mit nach vorne ausgestreckten Armen auf dem Balance-Board. Nun wird eine Kniebeuge, wie in Übungsnummer 1 beschrieben durchgeführt. Ziel dieser Übung ist es während der gesamten Bewegung so wenig wie möglich auf dem Balance-Board zu wackeln.
8	Einbeinstand auf Balance-Board	Balance-Board	Der Proband stellt sich zu Beginn mittig auf das Balance-Board. Dabei bleibt das Standbein gestreckt, während sich der gehobene Fuß seitlich weg bewegt. Nun wird das gehobene Bein so weit wie möglich nach oben gestreckt. Zum Halten des Gleichgewichts können die Arme nach links und rechts ausgestreckt werden.
9	Einbeinstand auf Balance-Board nach freien Kniebeugen und Jumping Jacks	Balance-Board	Übungsnummer 9 wird auf Basis von Übung 8 ausgeführt. Um einen Belastungsdruck zu generieren muss der Proband vor Beginn der Übung erst 15 freie Kniebeugen und 15 „Jumping Jacks" durchführen.
10	Einbeinstand auf Balance Board und Fangen eines Balls	Balance-Board Tennisball	Gestartet wird diese Position erneut in der Ausgangsposition der Übungsnummer 8. Abwechselnd werden der Testperson nun links und rechts Tennisbälle hingeworfen, die diese fangen muss.
11	Einbeinstand auf Balance-Board und Passen eines Balls	Balance-Board Fußball	Im Einbeinstand auf einem Balance Pad werden von dem Trainer zugeworfene Fußbälle mit einem Kontakt zurückgespielt. Zwischen den einzelnen Aktionen sollte der Einbeinstand nach Möglichkeit gehalten und der zweite Fuß nicht abgesetzt werden. Darauf zu achten ist, dass das Standbein stets gebeugt ist.

3.2 Belastungsgefüge Koordinationstraining

Tabelle 7: Belastungsgefüge Beweglichkeitstraining (eigene Darstellung, 2022)

	Begründung / Beschreibung		
Trainingshäufigkeit pro Woche	2-3 mal pro Woche (Koordinationstraining wird unmittelbar vor dem Krafttraining durchgeführt)		Damit das Koordinationstraining neben dem Gleichgewichtstraining nicht noch weitere Trainingstage im Wochenverlauf des Probanden einnimmt, wird es vor den Krafttrainingseinheiten der Testperson durchgeführt. Nach Jansenberger (2011, S.75) sind hier 3-malige Einheiten pro Woche in einem förderlichen Bereich.
Sätze pro Übung	3 Sätze pro Übung		Um im Zeitrahmen des Probanden zu bleiben, werden 3 Sätze pro Übung empfohlen. Bei unilateralen Übungen werden 3 Sätze pro Seite durchgeführt. Da 1-2 Sätze dem Umfang entsprechend zu wenig wären und nicht dem Trainingszustand des Probanden entsprechen werden hier bei jeder Übung 3 Sätze gemacht. Durch das Steigern der Anzahl der Sätze kann das Training effizienter gestaltet werden (Kunert, 2014, S.25).
Satzpausen	45 Sekunden dynamische Pause		Aufgrund des Trainingszustandes des Probanden und des vorgegebenen Zeitrahmen werden nach jedem Satz ca. 45 Sekunden Pause gemacht. Dies entspricht auch der Empfehlung nach Häfelinger und Schuba (2013, S. 100-101), die eine dynamische Pausendauer von 10 Sekunden bis zu 2 Minuten als optimal ansehen, um die Muskulatur zu lockern.
Belastungsdauer	12 Wiederholungen bei dynamischer Belastungsdauer	15 Sekunden Halten der Übung bei statischer Belastungsdauer	Der optimalen Wiederholungszahl von 5-30 nach Häfelinger und Schuba (2013, S.87) entsprechend werden hier 12 Wiederholungen pro Seite festgelegt bzw. 24 Wiederholungen insgesamt. Nach Häfelinger und Schuba (2013, S.100-101) soll zudem das statische Koordinationstraining einen Zeitrahmen von 5 bis 15 Sekunden für die Spannungsdauer aufweisen. Aufgrund des Trainingszustandes des Probanden werden hier 15 Sekunden gewählt.

3.3 Begründung zur Trainingsplanung für das Koordinationstraining

Grundlage der Trainingsplanung sind die methodisch-didaktischen Prinzipien. Die Übungen sind somit vom Bekannten zum Unbekanntem, vom Leichten zum Schweren, vom Langsamen zum Schnellen und vom Einfachen zum Komplexen hin aufgebaut. Zudem erfolgte der Aufbau von statischen Bewegung hin zu dynamischen Bewegungen (Chwilkowski, 2006, S.56-58).

Eine Steigerung der Koordination im Verlauf der Übungen wurde sowohl durch veränderliche Umweltbedingungen als auch durch veränderte Ausgangsstellungen erreicht. Zudem wurde eine Variation bzgl. der Informationsaufnahme und der Informationseinschränkung durch das Verschließen der Augen bei Teilbewegungen genutzt. Zusätzlich erfolgte ein veränderter Krafteinsatz bei Übungsnummer 9, um die Koordination nach Belastungsdruck zu testen. Ziel des gesamten Trainingsplan ist eine Förderung aller koordinativen Fähigkeiten. Somit wird der Testperson mit jeder anderen Übung eine neue Herausforderung gestellt (Neumair & Melching, 1994).

Der Gesamtumfang des Trainingplanes ist im Rahmen des zeitlichen Verfügungsrahmens der Testperson geplant worden. Zudem wurden Wiederholungs- und Satzzahl so gewählt werden, dass die Testperson stark gefordert wird, jedoch noch genug Reserven hat, um das nachfolgende Krafttraining gut absolvieren zu können. (Chwilkowski, 2006, S.60).

4 Literaturrecherche

Tabelle 8: Literaturrecherche zu den Effekten eines Gleichgewichtstrainings im Hinblick auf die Prävention von Verletzungen (eigene Darstellung, 2022)

Name der Studie	Effekte eines Sturzpräventionstrainings: Wirkungsnachweis eines "Best-Practice-Modells" auf intrinsische Sturzrisikofaktoren bei gesunden älteren Personen.	The Effect of a Balance Training Program on the Risk of Ankle Sprains in High School Athletes
Studienleiter	André Lacroix, Reto W. Kressig, Thomas Mühlbauer, Othmar Brügger, Urs Granacher	Timothy A. McGuine und James Keene
Jahr	214	2006
Forschungsfrage	Was für Auswirkungen hat ein zwölfwöchigen Sturzpräventionsprogramms («Best-Practice-Modell»), bestehend aus Kraft- und Gleichgewichtsübungen, auf Kraft- und Gleichgewichtsleistungen sowie dem Gangverhalten bei gesunden älteren Personen?	Kann ein Gleichgewichtstrainingsprogramm das Risiko von Knöchelverstauchungen bei Highschool-Sportlern verringern?
Versuchspersonen	72 gesunde, selbstständig lebende Seniorinnen und Senioren ohne neurophysiologische Erkrankungen zwischen 65 und 80 Jahren. Die Teilnehmenden wurden nach vorherigem Screening randomisiert ausgewählt. Interessenten wurden aus der Studie ausgeschlossen, falls sie schwerwiegende Herz-Kreislauf-Erkrankungen, neurologische Erkrankungen, chronische Schmerzen, akute Verletzungen oder Gleichgewichts- und Gangstörungen aufwiesen. (Lacroix et al., 2014, S.9)	765 Highschool-Fußball- und Basketballspieler zwischen 15 und 18 Jahren (523 Mädchen und 242 Jungen) von insgesamt 12 High Schools wurden randomisiert ausgewählt. Die ausgewählten Probanden mussten in einem Schulen übergreifenden Basketball- oder Fußballteam Spieler sein. Zudem durften die einzelnen Testpersonen keine Einschränkungen aufgrund vorangegangener Verletzungen mit sich bringen. (Keene J. & McGuine T., 2006, S.1104)
Versuchsaufbau	Die Teilnehmer wurden randomisiert in 3 verschiedene Gruppen eingeteilt. Diese bestanden aus Interventionsgruppe 1 (INT1: 2-mal pro Woche angeleitetes Gruppentraining, 1-mal pro Woche selbstständiges Heimtraining), Heimtrainingsgruppe (HEIM: 3-mal pro Woche selbstständiges Heimtraining) und Kontrollgruppe (KG: kein Training). Über einen Zeitraum von 12 Wochen wurde hierbei bei INT1 und HEIM regelmäßiges Training durchgeführt, bei KG hingegen kein Training, um die Ergebnisse zu validieren. Das Training wurde auf Grundlage des jeweiligen subjektiven Belastungsempfinden der Probanden durchgeführt. Es bestand aus Übungen für die Komponenten Kraft, statisches Gleichgewicht und dynamisches Gleichgewicht. Die Dauer einer Einheit umfasste 60 Minuten (inkl. 15 Minuten Aufwwärmen und Cool-Down) (Lacroix et al., 2014, S.11 f.)	Die Mädchen und Jungen wurden randomisiert entweder einer Interventionsgruppe (27 Teams, 373 Probanden), die an einem Gleichgewichtstrainingsprogramm teilnahmen, oder einer Kontrollgruppe (28 Teams, 392 Probanden) zugeteilt), die nur Standard-Konditionsübungen durchführten. Athletiktrainer vor Ort zeichneten etwaige Ausfälle und Verstauchungen der Athleten auf. Zuerst erfolgte vor Beginn der Saison ein 4-mals wöchentlich durchgeführtes Gleichgewichtstraining der Interventionsgruppe bestehend aus 4 Übungen für jeweils 30 Sekunden pro Übung. Während der Saison wurde das Gleichgewichtstraining für jeweils 10 Minuten 3-mal pro Woche durchgeführt. Nach Ende der Saison wurden dann die einzelnen Ergebnisse ausgewertet. (Keene J. & McGuine T., 2006, S.1104)
Ergebnisse	Die beiden angeleiteten Gruppen (INT1, INT2) zeigten bedeutsame Verbesserungen bezüglich des Romberg-Tests (verlängerte Zeitdauer), der Ganggeschwindigkeit (erhöhte Geschwindigkeit), des Timed-Up-And-Go-Tests (verringerte Zeitdauer) und	Nach Auswertung der Ergebnisse konnte festgestellt werden, dass die Rate an Sprunggelenksverstauchungen bei den Probanden in der Interventionsgruppe signifikant niedriger war im Vergleich zu

des Push-And-Release-Tests (verringerter Punktwert), wohingegen sich die Leistungen in der KG nicht bedeutsam veränderten (Tabelle 5). Die Gruppe HEIM zeigte nur im Push-And-Release-Test eine bedeutende Verbesserung (verringerter Punktwert). Es lässt sich festhalten, dass sich die 2-mal pro Woche angeleitete Gruppe INT1 sowie die 1-mal pro Woche angeleitete Gruppe INT2 in allen, die nicht-angeleitete Gruppe HEIM in zwei und die nicht-trainierende KG in keinem der fünf aufgezeigten Kraft- und Gleichgewichtsparameter bedeutsam verbesserte. Die vorliegenden Interventionen, ob professionell angeleitet oder selbstständig zu Hause ausgeführt, stellen für Seniorinnen und Senioren somit praktikable, sichere und effektive Trainingsmöglichkeiten dar, um personenbezogenen Sturzrisikofaktoren entgegenzuwirken (Lacroix et al., 2014, S.15-18).

der Kontrollgruppe. Athleten mit einer Knöchelverstauchung in der Vorgeschichte hatten ein 2-fach erhöhtes Risiko eine weitere Stauchung zubekommen. Die Athleten währendessen, die das Interventionsprogramm durchführten, konnten ihr Verstauchungsrisiko um die Hälfte verringern. Demnach ist festzuhalten, dass durch regelmäßiges Gleichgewichtstraining Knöchelverstauchungen vorgebeugt werden kann. (Keene J. & McGuine T., 2006, S.1103)

5 Literaturverzeichnis

Albrecht, K. &. (2015). *Stretching und Beweglichkeit. Das neue Expertenhandbuch (3. überarbeitete Auflage).* Stuttgart: Karl F. Haug.

Chwilkowski, C. (2006). *Medizinisches Koordinationstraining – Verbesserung der Haltungs- und Bewegungskoordination durch Propriozeption .* Köln: Deutscher Trainer Verlag.

Häfelinger, U. &. (2010). *Koordinationstherapie: propriozeptives Training.* Achen: Meyer & Meyer.

J., M. T. (2006). *The Effect of a Balance Training Program on the Risk of.* Madison, Wisconsin: The American Journal of Sports Medicine. Abgerufen am 01. 09 2022 von

https://www.researchgate.net/publication/7299920_The_Effect_of_a_Balance_T raining_Program_on_the_Risk_of_Ankle_Sprains_in_High_School_Athletes

Jansenberger, H. (2011). *Sturzprävention in Therapie und Training.* Stuttgart: Thieme Verlag.

Klee, A. &. (2012). *Dehnen - Training der Beweglichkeit.* Schorndorf: Verlag K. Hofmann.

Klee, A. (2003). *Methoden und Wirkungen des Dehnungstrainings.* Schorndorf: Hofmann-Verlag.

Klion, M. &. (2013). *Triathlon Anatomie.* München: Corpres.

Kokkonen J., N. A. (1998). *Acute muscle stretching inhibits maximal strength performance.* American Alliance for Health, Physical Education, Recreation and Dance.

Kunert, C. (2014). *Koordination und Gleichgewicht.* Wiebelsheim: Limpert Verlag.

Lacroix A., K. R. (2014). *Effekte eines Sturzpräventionstrainings: Wirkungsnachweis eines "Best-Practice-Modells" auf intrinsische Sturzrisikofaktoren bei gesunden älteren Personen.* Bern: bfu – Beratungsstelle für Unfallverhütung. doi:https://www.researchgate.net/publication/267573600_Effekte_eines_Sturzpr aventionstrainings_Wirkungsnachweis_eines_Best-Practice-Modells_auf_intrinsische_Sturzrisikofaktoren_bei_gesunden_alteren_Personen

M., J. A. (2012). *Kräftigen und Dehnen (3. überarbeitete Auflage).* Hannover: Meyer & Meyer Sport.

Mancia et al. (2018). *ESH/ESC Guidelines for the management of arterial hypertension: The Task Force for the management of arterial hypertension of the European*

Society of Cardiology (ESC) and the European Society of Hypertension (ESH). European Heart Journal. Abgerufen am 01. 09 2022 von https://watermark.silverchair.com/ehy339.pdf?token=AQECAHi208BE49Ooan9 kkhW_Ercy7Dm3ZL_9Cf3qfKAc485ysgAAAtUwggLRBgkqhkiG9w0BBwagg gLCMIICvgIBADCCArcGCSqGSIb3DQEHATAeBglghkgBZQMEAS4wEQQ MiftyOH_MEZB8A5yuAgEQgIICiLBHEFsvEuodjpBoQLc1B7i_k4ihFGQidu-T-oBxi82FFNB8

Neumaier, A. &. (1994). *Taugt das Konzept „koordinativer Fähigkeiten" als Grundlage für sportartspezifisches Koordinationstraining?* Sankt Augustin: Academia Verlag.

Rancour, J. H. (2009). *The effects of intermittent stretching following a 4-week static stretching protocol.* Journal of strength and conditioning research.

Schönthaler, S. R. (2002). *Biomechanische und neurophysiologische Veränderungen nach ein- und mehrfach seriellem passiv-statischem Beweglichkeitstraining.* Köln: Sportverlag Strauss.

Walker, B. (2014). *Anatomie des Stretchings – Mit der richtigen Dehnung zu mehr Beweglichkeit.* München: Riva Verlag.

Weineck, J. (2004). *Sportbiologie (4 Ausg.).* Balingen: Spitta.

Wiemann, K. &. (1992). *Muskeldehnung zur Leistungsverbesserung im Sprint.* Wuppertal: Universität Wuppertal.

6 Tabellenverzeichnis

BEI GRIN MACHT SICH IHR
WISSEN BEZAHLT

- Wir veröffentlichen Ihre Hausarbeit,
  Bachelor- und Masterarbeit

- Ihr eigenes eBook und Buch -
  weltweit in allen wichtigen Shops

- Verdienen Sie an jedem Verkauf

Jetzt bei www.GRIN.com hochladen
und kostenlos publizieren

6 Tabellenverzeichnis